INSTRUCTION

SUR

LA PRÉSENCE RÉELLE DE NOTRE-SEIGNEUR

AU SACREMENT DE L'EUCHARISTIE

PRÊCHÉE DANS LES ÉGLISES MÉTROPOLITAINES DE PARIS ET DE ROUEN

Par M. LE COURTIER,

Chanoine théologal et Archiprêtre de Notre-Dame de Paris,
Vicaire général d'Angers,
Prédicateur ordinaire de S. M. l'Empereur,

PARIS
IMPRIMERIE D'ADRIEN LE CLERE ET Cⁱᵉ
IMPRIMEURS DE N. S. P. LE PAPE ET DE L'ARCHEVÊCHÉ DE PARIS,
RUE CASSETTE, 29, PRÈS SAINT-SULPICE.

1856

Panis Dei est, qui dat vitam mundo.
C'est le pain de Dieu qui donne la vie au monde.
S. JEAN. Ch. 6.

L'adoration perpétuelle du très-saint Sacrement est une institution admirable, empruntée au centre de la catholicité. — Rome, qui n'est pas seulement la tête de l'Église pour la foi, qui en est le cœur pour la dévotion, a eu l'honneur de cette première pulsation d'amour envers la sainte Eucharistie; mais aussitôt, et surtout dans notre France si éminemment catholique, le mouvement a été reçu par les grandes artères de l'épiscopat, et communiqué par elles jusqu'aux extrémités du corps mystique de Jésus-Christ.

Quel est donc le but de l'Église dans cette manifestation solennelle de sa foi au plus auguste et au plus vivifiant de nos mystères? — Veut-elle seulement ranimer la dévotion de quelques âmes pieuses, faire rendre au Sauveur quelques hommages de plus, étaler un peu plus de pompe et d'ornementation autour de nos autels? — Ne le croyez pas: une pensée plus haute et plus féconde s'est agitée au cœur de l'Église.

L'Eucharistie est le soleil de la religion ; c'est autour d'elle que tout gravite, que tout se meut, c'est à elle que tout aboutit. — L'oblation qui s'en fait à la sainte messe est le centre de toute la liturgie, qui l'encadre jour et nuit de ses prières, qui fait la garde autour d'elle en se relevant *d'heure en heure ;* — de cette oblation découle et la présence réelle du Dieu qui réside dans nos temples, et la grâce des sacrements par le pouvoir de les conférer, et le dernier degré d'union avec Dieu par la communion. — Otez l'Eucharistie, la nuit se fait, les ténèbres pèsent sur les âmes, le culte est froid et sans vie ; et le chrétien qui n'a plus à communier, parce qu'il n'y a plus de communion, a perdu le motif déterminant de purifier son âme et d'améliorer sa vie.

L'Église a donc voulu surtout, dans cette institution solennelle, réveiller fortement la foi au mystère de l'Eucharistie, persuadée que, par ce renouvellement de foi, elle conquiert avec efficacité respect, adoration, participation au sacrement ; persuadée que si elle n'obtient pas de suite et de tous ce merveilleux résultat, il est impossible que l'habitant ou le voyageur, le citoyen ou l'étranger ne soient pas impressionnés en retrouvant chaque jour et partout une si haute manifestation de foi à la présence réelle ; — et puis elle s'est dit que, quand même elle échouerait auprès de quelques populations abîmées dans l'indifférence, ou trop emportées par le travail avide, par les jouissances matérielles, son Dieu, qui n'en est pas moins là, serait touché de tant d'hommages, et verserait ses bénédictions sur tous, en considération d'un petit nombre de cœurs fervents.

Je pense donc, mes très-chers Frères, entrer dans la pensée de l'Église, et m'associer aux vues de la sollicitude pastorale, en venant vous dire quelques mots de la présence réelle de Jésus-Christ au très-saint Sacrement.

Ce sujet est utile à tous ; à celui qui ne croit pas, pour

l'éclairer ; à l'indifférent qui ne pense pas, pour le réveiller ; à la piété même, pour la fortifier et la réjouir.

Ne vous effrayez pas du sujet que j'ai choisi : je ne vous apporte ni le froid d'une discussion théologique, ni la sécheresse d'une polémique en forme. Je ne veux vous présenter en cette matière que quelques traits vifs et saillants, capables, avec la grâce de Dieu que j'implore, de fixer l'attention de tous, et de ranimer la dévotion du grand nombre.

L'Eucharistie est le pain de Dieu; ce pain que Dieu a donné pour être la vie du monde est la chair propre de Jésus-Christ ; — c'est-à-dire, selon la formule du dogme catholique, que l'Eucharistie contient Dieu réellement, qu'elle contient substantiellement et en vérité le corps, le sang, l'âme et la divinité de Notre-Seigneur Jésus-Christ, sous les espèces ou apparences du pain et du vin. — Telle est la croyance de l'Église.

Ce dogme descendait majestueusement le cours des siècles chrétiens, escorté de la plus éclatante tradition, depuis les Ignace, les Justin, les Irénée et les Cyrille, jusqu'à ce témoignage angélique qui découle du cœur et de la plume de saint Thomas d'Aquin.

Déjà ce dogme entrait en possession paisible du xvie siècle (1), lorsque, en 1520, un homme mécontent, aigri, audacieux, sort violemment des rangs de la milice catholique ; — cet homme s'appelait Luther.

---

(1) Car je ne compte pas Scott et Béranger, qui ont laissé si peu de traces de leur opposition.

Il sort, — et, comme le torrent fougueux qui a rompu ses digues, il renverse tout sur son passage : la vérité des indulgences si ardemment recherchées par la faiblesse humaine; l'autorité du souverain Pontife, égide de l'Église et de la civilisation; le dogme du purgatoire, ce lien des deux mondes; les sacrements, sources de vie spirituelle, et charme des maux d'ici-bas; l'invocation des saints, si chère au peuple, aux petits, aux souffrants; il supprime tout... tout jusqu'à la messe, cette action si populaire qu'il eût fallu conserver, ne fût-ce que pour ménager la pente rapide qui menait à la prétendue réforme. — Il va abattant tout ce qu'il appelle les superstitions de l'Église romaine; rien ne résiste à son bras destructeur, soutenu par les mauvaises passions de la multitude, encouragé par la protection de quelques puissants du siècle; la terre sembla garder le silence devant lui; — et le voilà qui s'arrête tout à coup au milieu de ses désolants triomphes, il ne peut plus avancer.
— Qu'est-ce qui arrête Luther? — la vérité de la sainte Eucharistie!

Certes, il aurait dû renverser tout d'abord ce système le plus révoltant pour la raison inquiète, le plus répugnant aux sens de l'homme; — et c'est le seul dogme qui résiste à cet esprit superbe, irrité, enflé de tant de victoires?

Il faut lire, dans les ouvrages même de Luther, ses perplexités, ses luttes, son acharnement pour ôter ce mystère de sa conviction; et cependant, malgré tout son désir d'en finir avec cette vérité, malgré son orgueil piqué par ses disciples qui vont jusqu'à lui reprocher son inconcevable faiblesse; il arrive haletant à cette conclusion : Je ne puis aller plus loin; ces paroles : Ceci est mon corps, me paraissent impossibles à détourner de leur sens naturel et véritable! — Aussi, encore aujourd'hui les disciples de cet homme admettent avec le maître que l'Eucharistie est le corps de Jésus-Christ, au moins au moment où leurs fidèles communient.

Quelle prévention favorable pour la divinité du dogme catholique, dans l'aveu forcé d'un pareil adversaire!

Son école, je le sais, a été plus loin; elle a secoué le scrupule d'un maître si puissant; elle a déclaré que le pain eucharistique n'était que la figure, l'image, le souvenir de Jésus-Christ. Il lui restera d'arranger sa dissidence avec la dissidence de ses cosectaires.

Mais toute la lutte se réduit pour nous, mes très-chers Frères, ou à dire avec l'Église catholique, que l'Eucharistie contient Jésus-Christ lui-même, réellement; — ou à dire avec nos Frères séparés, que l'Eucharistie n'est que du pain, figure et souvenir de Jésus-Christ. — Cherchons à établir la vérité.

I. — Trois Évangélistes, saint Matthieu, saint Marc, saint Luc, rapportent les paroles de l'institution de la sainte Eucharistie.

« Après le souper de la Pâque légale, Jésus-Christ prit du
» pain, le bénit, le rompit, et le donna à ses disciples, en
» disant : Prenez et mangez, ceci est mon corps; — de
» même ayant pris le calice, il le bénit, le distribua à ses
» Apôtres en disant : Prenez et buvez, ceci est mon sang;
» — faites ceci en mémoire de moi. »

Il est impossible de trouver plus de netteté, plus de positif, plus de puissance dans l'expression : — Ceci — est — mon corps; — ceci — est — mon sang. — Faites, non pas la mémoire de ce que je viens de faire, mais faites CECI, ce que j'ai fait, en mémoire de moi.

Si le Sauveur a voulu réellement changer le pain en son corps (on peut au moins supposer cette volonté possible), et s'il avait voulu exprimer positivement cette transsubtantiation, dites-nous, mes Frères, de quelles autres paroles plus limpides il aurait pu et dû se servir pour rendre clairement sa pensée ?

Car remarquez (et il faut bien entrer dans ces détails), la phrase grammaticale est complète, il y a le sujet, le verbe et le régime : Ceci — est — mon corps. La phrase est simple et sans rien de complexe ; rien de composé dans les trois termes, qui puisse faire dévier l'expression, ou surcharger le sens. La phrase est nette, positive : Jésus-Christ ne dit pas même : Ceci *sera*, ou ceci *doit être* mon corps ; ce qui pourrait exprimer jusqu'à un certain point : Vous *représentera*, vous *tiendra lieu* ; mais : Ceci *est* mon corps. Enfin, la phrase exprime le sujet d'une manière adéquate à la vérité du mystère ; car Jésus-Christ ne dit pas : *Ce pain* est mon corps, ce qui aurait pu laisser l'idée grossière d'une impanation ou de la présence simultanée du pain et du corps sacré ; mais il dit : *Ceci* est mon corps. — Ceci ! pronom admirablement posé, qui n'exclut pas l'idée du pain qu'il supplée, lorsque Jésus-Christ le tenait en ses mains divines ; mais qui amène à exprimer parfaitement la chose qui passe de la substance du pain à la substance du corps du Sauveur ! — Et quand on pense que c'est le Dieu Tout-Puissant qui parle ainsi d'une manière si complète, si simple, si nette, si appropriée à ce qu'il veut faire, et à ce qu'il fait, comment ne pas appliquer à l'action du Cénacle la vertu de la parole créatrice : Il a dit, et tout a été fait : *Dixit, et facta sunt.*

Il y a détournement inouï du langage le plus reçu, à ne trouver que figure, mémorial, souvenir, dans cette phrase lucide et positive : Ceci — est — mon corps. — Il faut, pour en arriver là, donner une entorse au verbe le plus puissant pour exprimer ce qui est, le tuer même dans la réalité qu'il exprime, et bouleverser en sus les règles de toute syntaxe humaine. — Cette impossibilité de déviation a arrêté Luther ; Fidèles, comment ne nous arrêterait-elle pas !

Je suppose qu'un homme me faisant parcourir sa galerie, et m'arrêtant devant un portrait ; me dise : Ceci est mon père. Ce langage très-convenu ne m'induit pas en erreur; je conçois de suite, par la toile qui m'est indiquée, que l'on veut dire : Ceci est la figure, l'image, la représentation des traits de mon père. — Mais si ce même homme, me tirant bientôt à l'écart, d'un air mystérieux, m'introduit dans une espèce de sanctuaire, où il conserve religieusement divers objets ayant servi à celui qu'il regrette. Si là, il déroulait l'enveloppe précieuse d'une bouchée de pain, conservée du dernier repas qu'il prit avec son père, et qu'il me dit en me montrant ce pain : *Ceci est mon père;* ce serait le plus horrible bouleversement du langage, et il faudrait croire que la douleur filiale a égaré la raison de cet homme.

II. — Saint Jean, qui a écrit longuement sur la promesse eucharistique dans son chapitre sixième ; saint Jean qui a reposé sur le sein de Jésus à la dernière cène, saint Jean est le seul évangéliste qui ne rapporte pas le *fait* et les *paroles* de l'institution du Sacrement. — Mais il fait plus, il révèle, au lieu du fait matériel et historique, *l'intention la plus intime* de Notre-Seigneur dans ce moment solennel; et saint Jean est un témoin sérieux ; car il avait ausculté alors les battements du cœur de son maître.

Voici comme parle cet Apôtre. — « Avant la fête de Pâque,
» Jésus sachant que son heure était venue de passer de ce
» monde vers son Père; sachant que son Père lui a remis
» toutes choses entre les mains ; sachant qu'il est sorti de
» Dieu et qu'il retourne à Dieu.... Ayant aimé les siens qui
» étaient en ce monde, il les a aimés jusqu'à la *fin*. »

Saint Jean n'en dit pas davantage, mais quelle profondeur de révélation dans ce peu de paroles ! — Il résulte que ce que Jésus-Christ a fait à la dernière cène est l'acte de la toute-puissance d'un Dieu, d'une toute-puissance qui veut marquer divinement les derniers moments de son passage sur la terre, et rendre, par un coup d'éclat, sa dernière heure à jamais mémorable. — Il résulte qu'après avoir aimé les hommes, tandis qu'il était en ce monde, le Sauveur a trouvé le moyen de les aimer jusqu'à la fin, a inventé un mémorial de son amour, un abrégé de ses bienfaits. — Or, il a aimé le monde jusqu'à demeurer trente-trois ans avec lui, jusqu'à l'éclairer, le guérir, le consoler, se sacrifier en mourant pour lui ; et il veut, par un dernier gage testamentaire, demeurer avec ce monde, l'éclairer, le guérir, le consoler, le sanctifier, lui appliquer les fruits de sa mort, jusqu'à la *fin* et jusqu'à *l'excès*: *Infinem dilexit eos.*

Si donc, dans cette dernière cène, Jésus-Christ nous laisse véritablement son corps et son sang, tout s'explique; je saisis le sens de la parole du disciple bien-aimé, et *ma raison*, indépendamment de ma foi, comprend que c'est là le gage de l'amour tout-puissant d'un Dieu tout-puissant. — Mais si, après cet étonnant préambule de puissance et d'amour, Jésus-Christ ne nous laisse qu'un morceau de pain, souvenir, figure de lui, tant que vous voudrez ; ma foi respire et se console noblement, car, ce qu'on lui oppose, va jusqu'à l'absurde qu'il faut formuler ainsi : — Un morceau de pain figuratif...., excès de puissance et de bonté de la part de mon Dieu !

L'Eucharistie, un morceau de pain ! Mais il y a moins de richesses dans ce mystère d'amour pour l'homme régénéré, que ce que le Créateur a déposé de trésors pour l'homme coupable dans les merveilles de la nature ! — Voyez-vous, dans cette création, même après qu'elle a été maudite à cause du péché, voyez-vous nos plaines et nos coteaux, nos montagnes et nos vallées ? Dieu arrose les parties élevées de la terre, et la terre, dit le Psaume, est rassasiée du fruit des œuvres providentielles. Elle produit du foin et de l'herbe pour les animaux qui servent l'homme ; elle donne à l'homme un pain abondant qui fait sa force, et des flots de vin qui réjouissent son cœur. — O mon Dieu, que vos œuvres sont magnifiques ! La créature attend que vous lui donniez sa nourriture ; les yeux de tous espèrent en vous ; vous ouvrez la main et vous remplissez de bénédictions tout ce qui respire. — Or, comment croire que le Rédempteur, venu dans la plénitude du salut, n'a ouvert la main, lui, que pour nous léguer un petit morceau de pain figuratif ; n'a pris le pain, déjà créé, en ses mains divines, que pour le laisser tel qu'il était, en y ajoutant seulement un mémorial vide de toute réalité !

L'Eucharistie, un morceau de pain ! Mais, dans l'*ancienne Alliance*, la manne tombait dans le désert ; on a pu dire, jusqu'à un certain point, qu'elle descendait du ciel, que c'était un pain qui rappelait grossièrement la nourriture des Anges. — Tandis que, s'il n'y a que du pain dans l'Eucharistie, comment Jésus-Christ peut-il dire que Moïse n'a pas donné un vrai pain du ciel, que c'est lui qui le donne ; lui, qui, dans l'*Alliance nouvelle et éternelle*, ne donnerait qu'un pain qui monte évidemment de la terre, et qui est né de sa corruption ?

L'Eucharistie, un morceau de pain ! Mais, aux jours de sa vie mortelle, Jésus-Christ savait plus prodigieusement multiplier le pain dans le désert ; mais on pouvait toucher, embrasser son vêtement, ses pieds, ses plaies ; tout cela avait quelque chose de réel, au lieu que nous n'aurions plus aujourd'hui qu'une froide représentation ! — On avait la présence et la réalité du Dieu fait homme ! Et pour dernier gage d'amour, nous n'aurions que son souvenir ! Ah ! il nous aimerait *moins* qu'il n'a aimé alors ceux qui étaient en ce monde.

Du pain dans l'Eucharistie ! Mais c'est moins que la couronne d'épines, les clous, la croix, la robe de Jésus-Christ. — C'est moins que les reliques si précieuses des saints; car enfin elles sont des réalités; tandis qu'un souvenir de Jésus-Christ, figuré par du pain ordinaire, est bien éloigné de l'objet qu'il représente.

Du pain dans l'Eucharistie! Mais c'est moins que ce que les hommes ont pu léguer dans l'effort de leur amour. — L'antiquité gardait des cendres réelles dans ses urnes funéraires; l'Égypte présentait ses momies, et, après des siècles, l'Égyptien pouvait dire : Ceci est réellement le corps de mon ancêtre. — Et l'on a vu, dans la Carie, l'amour conjugal s'incorporer les cendres d'un époux, y communier, pour ainsi dire, en mêlant ces cendres au breuvage habituel.

Du pain dans l'Eucharistie! Mais c'est moins que ce que l'indifférence peut laisser communément, des traits vivifiés par l'art, des cheveux tissés et portés en parure, un corps conservé intact et sans mutilation par un procédé qui semble changer la mort en sommeil. — Mais c'est moins que ce que la pauvre richesse de l'homme peut léguer, de vastes plaines couvertes de moissons, des coteaux entiers où le vin coule à torrents, des fondations qui assurent du pain aux pauvres. — Mais enfin l'Eucharistie laisserait donc la *Table sacrée* plus pauvre des dons de Dieu que nos *tables ordinaires*, où nous trouvons, si frugales qu'elles soient, un pain qui est aussi le pain de Dieu, le pain de sa providence et de sa bénédiction, mais qui y est servi du moins plus abondant, plus nutritif, plus savoureux et plus délicat!

Voilà l'absurde du système anticatholique. — Mais si l'Eucharistie contient réellement le corps du Sauveur, il aime jusqu'à la *fin* et pour toujours, *in finem*. Il y a extension et continuation réelle de l'incarnation, de la vie et de la rédemption de l'homme-Dieu; il a fait de ce pain sacré le vrai mémorial de toutes ses merveilles; nous mangeons son corps crucifié, nous buvons son sang répandu sur la croix. — Il nous aime jusqu'à l'*excès*, et selon la belle pensée de saint Augustin : Dieu, avec toute sa sagesse, ne pouvait rien imaginer de plus à nous donner que lui-même ; Dieu, avec ses trésors infinis, n'avait pas de plus grande richesse à nous laisser ; Dieu, avec sa toute-puissance, ne pouvait pas nous léguer davantage ; *in finem dilexit*.

Donc, le système anticatholique est *contre* la raison ; tandis que le dogme catholique, *au-dessus* de la raison comme doit l'être l'infini et l'œuvre de Dieu, est *conforme* à la raison. — C'est ce que devaient laisser à la terre la puissance et l'amour d'un Dieu, lorsque ce Dieu déclare vouloir user de sa puissance et de sa charité jusqu'à l'excès : *In finem dilexit.*

III. — Mais voici encore une de ces preuves de sa présence réelle, qui, sans être une démonstration positive, n'en est pas moins capable de faire impression sur des esprits justes et raisonnables. — C'est l'Eucharistie se gardant elle-même et elle seule, à travers les siècles, par le respect et la frayeur qu'elle imprime, même à ceux qui ne croient pas ; frayeur que ne pourrait jamais communiquer un morceau de pain.

Voyez-vous ce tabernacle ? Il n'est pas défendu, comme le jardin d'Éden, par un glaive de feu ; les anges qui y font la garde sont invisibles, ils imitent le silence et l'inaction du Maître ; la structure du tabernacle est petite au milieu des lignes grandioses du temple, la porte est surbaissée, la serrure commune, la clef est à la porte, il n'y a qu'à ouvrir. — Or, à l'exception de quelques actes frénétiques, ou à la condition de se constituer voleur déhonté, dites-moi quelle est la main, même conduite par un cœur incrédule, qui oserait forcer ce simple asile et toucher ces apparences de pain ?

Ce n'est pas tout. — Voyez-vous ce pain mystérieux qui n'est plus, parce qu'il est réellement le corps de Jésus-Christ ? A l'œil, ce n'est que du pain, et encore sous une forme petite, humble, pauvre et grossière, sans éclat qui éblouisse, sans rayonnement qui impose. — Cependant personne de ceux qui ne croient pas à sa merveille n'ose le manger ! — Il est un jour dans l'année, mes très-chers Frères, où tous les chrétiens, quelle que soit la faiblesse de leur foi ou leur prétendue incrédulité, s'approchent, sans crainte et sans trouble, de la *table sainte*... Oui, de cette table de la communion : c'est le jour anniversaire de la mort du Sauveur. — Pourquoi cette confiance ? Vous diriez, à les voir à genoux, des hommes qui vont communier. C'est qu'en ce jour on ne sert, à cette table, que la *figure* et l'*image* de Jésus-Christ ; et tous, avec calme, portent à leurs lèvres la représentation de la croix et du Sauveur crucifié. — Pourquoi donc, le jour de Pâques et les autres jours, cette même foule ne vient-elle pas, à la même table, manger ce pain qu'elle croit du pain, ce pain qui n'a pas même, aux yeux de la chair, la forme auguste et imposante du crucifix ? Si l'on croit que ce n'est que du pain, pourquoi ne pas le prendre avec les fidèles ? — Ah ! c'est qu'il y a dans l'Eucharistie une telle abondance de vérité, qu'elle suffit à inonder de consolations (incroyables vu la faiblesse sensible de l'objet) le cœur qui y croit, et à tenir à distance respectueuse, par la frayeur du seul doute, le cœur de celui qui ne croit pas. — Aussi le plus grand génie qui ait inauguré l'ouverture de ce siècle, pressé de communier dans une circonstance obligée, a-t-il laissé au monde cette parole profonde pour motiver son refus : « Je n'ai pas assez de foi

» pour le faire dignement : j'en ai trop pour risquer un
» sacrilége. »

IV. — Après cela, que sont nos misérables objections contre cette merveille de Dieu? — Que nos sens ne saisissent pas cette vérité, que notre esprit ne la comprenne pas, il le faut bien ! Si la vérité de Dieu entrait tout entière dans notre intelligence, cette vérité aurait des bornes étroites, elle ne serait plus la pensée de l'être infini.

Mais quand la raison comprend parfaitement qu'elle doit adhérer, pourquoi ne se soumettrait-elle pas aux mystères de la révélation dans la foi, quand elle se soumet, sans les comprendre, aux mystères de la création dans la nature?

Et pour ne parler ici que des merveilles naturelles qui ont quelque analogie avec le divin Sacrement :

Vous vous effrayez de ces accidents, de ces apparences qui sont, dites-vous, soutenus sans substance?

Vous vous trompez : il y a une substance qui les soutient, c'est la substance du corps et du sang de Jésus-Christ. — Mais pour parler de substance, savants du siècle, pour en exiger une ici de votre façon, vous savez donc ce que c'est qu'une substance, cet être inexplicable qui se tient et se cache sous les accidents sans jamais se laisser découvrir? Vos yeux et vos instruments d'optique les plus parfaits, vos mains et vos instruments de divisibilité les plus subtils, ne rencontrent jamais, en divisant la matière jusqu'à l'infini, que des accidents, de la résistance ou une qualité qui cède, du chaud ou du froid, une forme quelconque, une figure ou une autre; et quand vous ne pouvez pas arriver à me dénuder la substance d'un grain de sable, quand vous ne pouvez pas me montrer ce qui se tient sous la forme, l'étendue, la couleur d'un brin d'herbe, vous venez déclarer qu'ici, dans un sacrement, dans un mystère de Dieu, vous êtes inquiets de ne pas voir, de ne pas toucher la substance sous les accidents adorables!

Vous vous effrayez que le corps de Jésus-Christ (son corps glorieux, remarquez, son corps avec toutes les qualités glorieuses), soit réellement contenu dans un si petit espace, et sous la faible parcelle d'une hostie consacrée?

Mais, dans l'ordre naturel, vos physiciens les plus habiles ne vous ont-ils pas prouvé la compressibilité de la matière jusqu'à l'indéfini? — Ne vous enseignent-ils pas que si l'on suspendait les lois constitutives des corps, l'attraction qui groupe les molécules de matière, l'inertie qui les retient, et que l'on supprimât tous les fluides de l'air, du feu, de l'eau qui comblent des interstices immenses, l'univers entier pourrait être réduit à quelques centimètres cubes.

Vous vous effrayez que Jésus-Christ soit dans chaque hostie, dans toutes les hosties; qu'il se donne tout entier à des milliers de fidèles qui communient, et cela tous les jours? Cette espèce d'ubiquité permanente du même corps vous déconcerte.

Mais quand vous vous effrayez ainsi de notre Sacrement, vous êtes donc bien rassurés, bien édifiés sur les merveilles non moins étonnantes de la vision produite par les gerbes de la lumière, et du son de la parole perçu par des milliers d'oreilles? Je m'explique:

Des milliards de gerbes de lumière, réfléchis de la surface du corps que nous fixons, viennent peindre tout un horizon, s'il le faut, sur l'étroite rétine de l'œil; là, les lignes se croisent sans confusion pour aller dessiner au fond de l'organe visuel la miniature parfaite de l'objet. — Et si, cent mille personnes regardent le même objet, les mêmes gerbes de lumière se multiplient cent mille fois pour aller frapper autant d'organes. — Et cette effusion se fait sans épuisement, demain, dans un siècle, toujours!

L'air modifié par la parole arrive à votre oreille; la percussion que mon organe imprime à l'atmosphère qui m'environne, fait que le son formulé vous arrive tout entier. — Il s'est communiqué à tous les globules de l'air entre vous et moi, non pas comme la goutte de liqueur qui se divise dans une quantité d'eau, qui perd de son volume et de sa force à chaque divison qu'elle subit, mais chaque molécule de l'air a été imprégnée du son tout entier. — Le mot que je prononce est intégralement dans chaque parcelle d'air, et il est déposé sans fraction dans l'oreille de chacun de vous! — Si vous êtes ici mille personnes, chaque oreille ne devrait avoir au plus que la millième partie du mot prononcé; que dis-je? Il devrait peut-être se subdiviser encore entre l'oreille droite et l'oreille gauche? Mais non : chaque molécule d'air apporte à tous et à chacun de vous le mot complet et unique, pour le transmettre à votre intelligence!

Ah! quand le flambeau de la science promené sur les mystères de la nature, vient consoler ma foi aux mystères du salut, quelle force je sens pour m'écrier avec l'ange de l'école : Je vous adore à deux genoux, Divinité cachée, réellement cachée sous ces figures; mon cœur se soumet à vous tout entier, parce qu'il s'abîme tout entier en contemplant vos merveilles; *Quia te contemplans totum deficit.*

V. — Voilà la vérité de l'Eucharistie, mes très-chers Frères; voilà comme elle est réellement le pain de Dieu : *Panis Dei est.* — Mais elle a encore une preuve, toute de vie et de consolation; c'est que ce pain de Dieu est le seul qui donne la vie au monde : *Qui dat vitam mundo.*

Il y a trois vies au monde : la vie physique, — la vie d'animation morale, — la vie spirituelle de la grâce.

La vie physique, c'est cette respiration grossière et mystérieuse qui va de l'âme au corps, du corps à l'âme, et qui forme le trait d'union entre ces deux substances. — C'est le mouvement vital exprimé par le battement du cœur, par ce balancier que Dieu a poussé une première fois dans le sein de nos mères, qui peut, pendant une vie plus ou moins longue, accélérer ou retarder son mouvement, mais qui ne s'arrête qu'à la mort.

La vie d'animation morale, prise dans le sens que nous voulons lui donner ici, est le charme qui communique à l'âme l'énergie de la force et la douceur de la paix. — C'est cette tranquillité, née de l'ordre, qui fait que la vie nous est légère, parce que nous la sentons s'écouler avec le fruit du devoir, la dignité du dévouement, la sainteté du mérite. — C'est ce quelque chose qui n'a pas de nom, qui est plus animé que la santé; qui donne un coloris plus doux au visage, une noblesse plus grande au front, une étincelle plus brillante aux yeux, et qui seul empreint les traits de l'homme, son regard, sa physionomie, son attitude même d'une sérénité digne et gracieuse, procédant de la paix de la conscience.

Enfin, la vie spirituelle est celle qui est animée par la grâce, et qui mérite seule le nom de vie, parce qu'elle conduit à la vie éternelle, — cette vie pour laquelle tous les jours de l'homme sont faits; car la vraie vie est de vivre ici-bas de manière à vivre éternellement; et la vie présente n'a de réalité que ce qu'elle tire du ciel par la sainteté, que ce qu'elle amasse pour le ciel par ses mérites.

Or, l'Eucharistie donne au monde cette triple vie.

Pour la vie de la grâce, il n'y a aucun doute; c'est le but immédiat de son institution, et tous ceux qui y participent dignement, obtiennent cet heureux résultat.

Mais voilà qu'avec la Communion, l'animation morale se répand dans tout notre être, une vie circule en nous, qui, certes, n'est pas la *vie du pain*. — Ah! ce n'est pas sur le front de celui qui a communié avec fruit, que s'amoncellent les nuages d'un chagrin noir, d'une langueur énervante, d'un dégoût désolant; ce ne sont pas les cœurs nourris de Jésus-Christ à la Table sainte, qui sont blasés, à vingt ans, sur toutes les choses de ce monde, qui traînent la vie la plus inutile, et qui ne se soutiennent galvaniquement que par de pitoyables émotions. — Prenez, au hasard, sur toute l'échelle sociale, même aux derniers rangs, un homme qui a communié saintement, et voyez s'il n'y a pas sur ses traits un reflet de vie divine, quelque chose qui commande l'estime, le respect, la confiance; voyez si cet homme, uni à son Dieu, n'est pas celui qui porte le mieux les deux grandes choses de la vie..... le devoir et la peine, le travail et le chagrin !

Avec cette vie d'animation morale, la sainteté que la communion exige va jusqu'à influer sur la réalité de la vie physique. — Le pain matériel, remède dans la santé, use le corps en le nourrissant; les remèdes, pain de la maladie, usent encore plus les organes en rétablissant l'équilibre; mais le péché use bien davantage la vie, sans la nourrir et la rétablir; — tandis qu'avec la vie spirituelle il y a tempérance, sobriété, modération, règle, ordre, paix, par conséquent principe de vie. Il y a plus de malheurs évités, moins de passions qui exaltent, moins de chagrins qui minent; et, tout comparé, il y a, en règle générale, une vie plus longue, plus calme, plus bénie, plus heureuse. *Bonæ vitæ numerus dierum* (1).

Et non-seulement l'Eucharistie donne la vie au monde dans toute l'étendue du terme, mais elle *seule* la donne parce qu'elle est le seul déterminant, ultérieur et sans appel, pour arriver à la sainteté qui donne la vie. — Supposez tout dans la religion, excepté la communion au corps et

(1) Eccli. XLI, 16.

au sang d'un Dieu ; supposez même le sacrement de Pénitence pratiqué, on avouera ses torts, on en gémira, on promettra, mais rien n'arrivera à terme ; tout se passera en d'interminables délais. — L'Église seule, en possession de son Dieu par l'Eucharistie a pu dire au monde cette parole étonnante : *Ton Créateur tu recevras... à Pâques...!* c'est-à-dire à telle époque, à tel point donné, tu te lèveras, tu marcheras, tu arriveras ; à tel jour tu seras juste, pur, fidèle, rétabli dans l'ordre, réconcilié avec Dieu et tes frères.—Ah ! donnez-moi une patrie qui fasse saintement ses pâques, où chaque année tout soit réparé, restitué, réconcilié, fécondé pour le devoir dans chaque état, et dites-moi quelle vie de bonheur circulerait dans toutes les veines du corps social !

Or, ce qui produit de tels effets ne saurait être du pain ; la vie que donne l'Eucharistie est une preuve de plus qu'il y a réalité de présence, au lieu d'une simple image sans autre vertu que celle d'un souvenir.

VI. — Et voulez-vous que je vous dise tout ? Vous avez encore une preuve de la présence réelle de Jésus-Christ à la Table sainte, dans la dégradation plus profonde, toutes choses égales, de celui qui abuse de ce pain de vie.

O monde ! tu cries bien haut que la religion, quand elle est profanée dans un cœur, produit des mystères d'iniquité ; qu'il y a alors une haine plus implacable, une ambition plus dévorante, une cupidité plus fébrile, une malignité plus satanique, une corruption plus raffinée.

O monde ! tu as raison ; mais tu donnes par là une preuve de plus à la vérité du Sacrement de la chair de Jésus-Christ. — Car, tu le comprends, si l'homme n'abusait que d'un morceau de pain, il n'y a plus de motif pour qu'il en devienne plus méchant ; mais il abuse de Dieu, et voilà le mystère de son iniquité plus grande.

Tu n'y as pas réfléchi, ô monde ! tu as cru soulever une

objection contre l'Eucharistie, en disant que ceux qui la reçoivent n'en sont pas meilleurs, qu'ils sont même pires (ce qu'il faut entendre de la réception sans fruit, et surtout de la réception indigne, car sans cela, ô monde! tu serais toi-même d'une indigne injustice); tu as cru, dis-je, soulever une objection, tu as renforcé la preuve. Laisse-moi soulever, pour t'éclairer, ce voile du mystère.

C'est un Dieu, et non pas du pain, qui descend dans un cœur coupable; ce Dieu ne saurait y demeurer, il n'y a pas de communion possible entre la lumière et les ténèbres, entre la justice et l'iniquité. — Mais ce Dieu est néanmoins avec ce cœur horrible, par le seul fait de la réception sacramentelle. — Et au lieu d'absorber la misère, de diviniser la faiblesse dans une âme bien disposée, il a laissé, avec un sceau de malédiction, quelque chose, pour ainsi dire, de lui-même à cette corruption qu'il a seulement touchée; comme le soleil, malgré sa pureté, illumine la boue et en soulève des émanations fétides. — Alors la passion qui a chassé Dieu du cœur, mais qui a été cependant un instant en contact avec lui, a pris quelque chose de lui; la haine, par exemple, a participé, autant qu'elle l'a pu, à l'immensité, à l'éternité, à la puissance de la vengeance du Dieu dont elle a profané le Sacrement. — Donc, si l'homme qui communie mal est plus méchant, mes Frères, c'est qu'il a communié à Dieu, et non pas à un morceau de pain; c'est que, selon les lois même de la nature, la corruption de ce qu'il y a de parfait est horrible; c'est que, comme dans le cœur de Judas, après la bouchée sacrée dont la grâce ne devait pas trouver place, Satan est entré, sachant bien qu'il en trouverait : *Et post buccellam, introivit in eum Satanas.*

Oui, le reflet d'honnêteté et de paix qui resplendit sur les traits de l'homme qui a bien communié, la malice plus profonde et plus perverse du cœur qui a outragé le Sacrement avec froideur et calcul, sont deux preuves vivantes, palpables, de l'incontestable vérité de la présence réelle.

Si donc l'Eucharistie contient réellement et substantiellement le corps, le sang, l'âme et la divinité de Notre-Seigneur Jésus-Christ, comme nous n'en pouvons douter, comme nous n'en doutons pas, approchons avec un cœur vrai dans la plénitude de la foi, *Accedamus cum vero corde, in plenitudine fidei*.

Cette foi nous dira que Jésus-Christ réside réellement dans nos temples; et sa plénitude nous dira avec quel respect nous devons y entrer, avec quelle adoration nous devons nous y tenir, avec quel zèle nous devons orner la maison de Dieu, avec quel amour nous devons la visiter, avec quelle confiance nous devons y prier; *Cum vero corde, in plenitudine fidei*.

La foi nous dira que la messe est l'oblation, réelle quoique mystérieuse, du corps et du sang de Jésus-Christ; et sa plénitude nous dira que nous devons y assister rigoureusement chaque dimanche, fréquenter pieusement cette divine célébration selon la liberté et le loisir que Dieu nous a faits, faire offrir ce sacrifice dans nos nécessités et dans les nécessités du prochain, unir notre cœur à l'assistance de précepte ou de dévotion, et enfin, nous immoler avec Jésus-Christ, en évitant le péché, en accomplissant les devoirs, en portant les peines de la vie; *Cum vero corde, in plenitudine fidei*.

La foi nous dira que le but de ce Sacrement est de faire arriver Jésus-Christ jusqu'à nos cœurs, de nous l'incorporer par la communion avec toutes les dispositions convenables, et que le précepte de communion presse tous les fidèles au moins une fois l'an, dans la solennité de Pâques.

Mais c'est ici surtout que le cœur doit être vrai, que la foi doit obtenir sa plénitude; *Cum vero corde, in plenitudine fidei.*

Votre cœur n'est pas vrai, et vous savez parfaitement qu'il veut se tromper, quand il dit que s'il n'approche pas, c'est qu'il ne croit pas. Vous croyez à la communion, mais vous n'en approchez pas, parce que dans le trajet qui y conduit, il faut passer par un tribunal intermédiaire qu'on appelle le sacrement de Pénitence, et où il faut aller prendre la robe du festin. Et si vous dites que vous ne croyez pas à ce sacrement de Pénitence, votre cœur n'est pas encore vrai. Vous y croyez, et si vous refusez d'entrer dans ce vestiaire, dans ce bain sacré, c'est qu'il y a sur la robe de votre vie des taches que vous ne voulez pas enlever; il y a peut-être une fortune dont vous ne voulez pas descendre, malgré l'injustice de sa possession; une réconciliation que vous ne voulez pas opérer, une apathie pour les devoirs que vous ne voulez pas secouer, un danger que vous ne voulez pas fuir, une occasion coupable que vous aimez, une habitude criminelle que vous n'êtes pas décidé à rompre; un calcul indigne qui réduit la famille aux proportions de la cupidité orgueilleuse. — Ce manque de franchise du cœur devant Dieu est si vrai, que vous croiriez à l'Eucharistie, et que vous en approcheriez avec foi, si l'Église n'exigeait qu'une formule d'absoute générale, avant d'ouvrir les portes du sanctuaire; que vous croiriez au sacrement de Pénitence et que vous en approcheriez avec foi, si vous n'aviez à y porter que quelques misères et quelques faiblesses, dans un cœur habituellement chaste, pur, juste, charitable et courageux. — Demandez à Dieu ce cœur vrai, et bientôt vous aurez la plénitude de la foi. *Cum vero corde, in plenitudine fidei.*

Si vous vous éloignez, vous aurez les ténèbres extérieures : *In tenebras exteriores ;* et si vous aimez les ténèbres plus que la lumière, parce que vos œuvres sont mauvaises, il est une chose que vous n'aimez pas dans cet éloignement, c'est l'amertume des œuvres mauvaises, c'est que dans ces ténèbres, il y a des pleurs et des grincements de dents : *Ibi erit fletus et stridor dentium.*

Et voilà la dernière gloire de la sainte Eucharistie. Près d'elle, il y a des larmes de bonheur et de résignation; loin d'elle, et dans tout ce qui en éloigne, il y a des pleurs de honte et de désespoir ; des pleurs sur l'ingratitude, l'inconstance, la légèreté, l'insatiabilité des idoles de chair; des pleurs sur la perte d'un enfant que Dieu et la nature ne voulaient pas laisser unique ; des pleurs sur les tristes fruits d'une éducation idolâtre ; des pleurs sur une fortune acquise trop rapidement, et qui s'écoule plus rapidement encore, pour couvrir les débordements de ceux qui l'épuisent avant d'en jouir à leur tour : *Ibi erit fletus et stridor dentium.*

Ah! revenez à l'Eucharistie; mangez dignement ce pain de Dieu, qui donne la vie au monde; et les Anges de paix qui président aux Églises ne pleureront plus amèrement entre le sanctuaire délaissé, le vestibule vide et la terre désolée ; revenez, et la vie reviendra, et la grâce règnera, et la bénédiction sera sur vous, ici-bas et dans l'éternité.

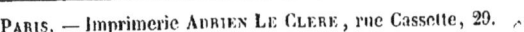

PARIS. — Imprimerie ADRIEN LE CLERE, rue Cassette, 29.

www.ingramcontent.com/pod-product-compliance
Lightning Source LLC
Chambersburg PA
CBHW060929050426
42453CB00010B/1917